给孩子的**历史启蒙书** 少儿彩绘版

中国历史故事 7

宋

金晓光 著

中华书局

图书在版编目（CIP）数据

中国历史故事. 宋/金晓光著. —北京：中华书局，2022.7
（2024.12重印）
　（中国历史故事）
　ISBN 978-7-101-15597-6

　Ⅰ. 中…　Ⅱ. 金…　Ⅲ. 中国历史-宋代-儿童读物
Ⅳ. K209

中国版本图书馆 CIP 数据核字（2022）第 011723 号

书　　名	中国历史故事（宋）
著　　者	金晓光
绘　　图	竞仁文化
丛 书 名	中国历史故事
责任编辑	刘晶晶
封面设计	王铭基
责任印制	陈丽娜
出版发行	中华书局
	（北京市丰台区太平桥西里 38 号　100073）
	http://www.zhbc.com.cn
	E-mail：zhbc@zhbc.com.cn
印　　刷	大厂回族自治县彩虹印刷有限公司
版　　次	2022 年 7 月第 1 版
	2024 年 12 月第 6 次印刷
规　　格	开本/787×1092 毫米　1/16
	印张 5¼　字数 75 千字
印　　数	25001-28000 册
国际书号	ISBN 978-7-101-15597-6
定　　价	25.00 元

精彩的历史，好看的故事

——致读者

几乎每个中国人都知道，中华文明有"上下五千年"之久，现代考古学研究则告诉我们，在五千年之前，中华大地上的聚落和城邑已星罗棋布，不同的群体聚居在各地，共同向文明迈进，最终汇聚成统一而包容的中华文明。今天，我们能从文字记载中考察到的中国历史，最远也可以上溯到那个文明交汇的部落时代——记录在神话与传说中。从远古的三皇五帝，到辛亥革命推翻帝制，几千年来，一代代史家用文字郑重地书写着我们民族的历史，从未间断，这在世界上是独一无二的。

前人为我们留下了数不清的历史文献，这些皇皇史册连缀起一条中国古代历史的长河，映照出了河水中的朵朵浪花——一个个跌宕起伏的故事、一群群生动鲜活的人物……

历史不是尘封的记忆，而是曾经活生生的现实，阅读历史也就是从另一个角度观照现实。人们常说"以史为镜"，读历史，可以让我们从前人的成功与失败中获取经验，总结教训，跳出自身阅历的局限，增长为人处世的智慧。而读中国历史，更能让我们了解中国传统文化，提高文史修养和综合素质，尤其有益于语文学习。

这套《中国历史故事》取材于"二十四史"、《清史稿》、《资治通鉴》等中国古代最重要、最有价值和成就最高的史籍，故事个个有出处。与满篇"之乎者也"的文言文原著不同，它用通俗活泼的语言讲故事，在故事里介绍历史上的重要人物和事件，并配有彩色卡通插图，读起来妙趣横生，一点也不枯燥。

故事后面的"知识卡片"可以让小读者了解每个时代的科技、文学等独特成就，有的篇章还总结了与故事相关的名言名句和源于故事的成语典故，希望小读者可以了解更丰富的传统文化，积累语言素材。部分故事的最后还设置了"你怎么看"环节，鼓励大家读完故事后积极思考，勇敢表达自己的看法，从小培养独立思考的习惯，促进辩证思维和创造思维的发展。

让小读者领略中华民族悠久而动人的历史，了解我们的祖先曾经走过的路，并能从中有所收获，是我们策划这套书的初衷。一代代中国人，正是阅读着这些精彩篇章长大的，而中国文化也正是在历史的阅读中传承与绵延。期待小读者能喜欢上我们这套彩绘版的《中国历史故事》，并且收获多多。

中华书局编辑部

目 录

赵匡胤一觉醒来变皇帝

临危受命

后周朝廷忽然接到边关传来的警报，说北汉军队联合契丹人，将要进犯中原。

朝廷上下一片恐慌。不久前，英明神武的周世宗柴荣去世了，他的儿子当了皇帝。小皇帝这时才7岁，根本没有能力处理国家大事，一切都由符太后做主。符太后也才二十多岁，听说敌人就要打进来了，也吓得没有了主意，连忙召集大臣一起想办法。

符太后一边擦着眼泪，一边说："先帝抛下我们这孤儿寡母，国家大事全靠各位了。现在外敌入侵，该怎么办呢？"

大臣们你看看我，我看看你，谁也拿不出什么好办法。这时宰相范质站出来说："赵匡胤（yìn）很会打仗，派他去，一定能击退敌人。"

其他大臣也都连连点头表示赞成，于是，出兵的事情就这样定下来了。

陈桥兵变

很快，赵匡胤便率领禁军主力，浩浩荡荡地从汴（biàn）京出发了。可是，尽管军情紧急，大军行进的速度却并不快，走了两天才前进了30里，当晚他们在陈桥驿（yì）扎营休息。

一名军官观察到了一种奇异的天象：天上居然出现了两个太阳！这名军官精通天文、星象，认为这是上天的预兆，便赶紧通知了赵匡胤的亲信。

夜里，将士们三五成群地窃窃私语。

"皇上才8岁，他懂啥呢？"

"咱们在战场上拼命杀敌，小皇帝会知道吗？"

"不如先拥立点检做天子，然后我们再向北出征，也不晚啊！"赵匡胤当时的职务就是殿前都点检。

军营里弥漫着躁动的空气，赵匡胤的表现却十分淡定。或许，他对各种传闻一无所知。又或许，他对这些闲言碎语毫不在意。这天晚上，他多喝了几杯酒，在营帐里呼呼大睡。

天快亮的时候，将士们闹哄哄地聚集到了主帅的大帐外。赵匡胤被外面嘈杂的声音吵醒，他揉着眼睛，打着哈欠，问道："外面乱哄哄的，出什么事了？"话音刚落就有人走进大帐，说："大家要拥立你做皇帝啦！"

只见将士们全副武装，列队站在帐外。带头的将领大声喊道："将士们愿意拥立赵点检为皇帝！"

赵匡胤还没来得及说话，就被人披上了一件黄袍。一时间，大帐内外，从将军到士兵，齐刷刷地跪在地上，连呼："万岁！万岁！万万岁！" 赵匡胤推辞了几次不成才勉强答应。

将士们扶着赵匡胤上了马，就要回头往汴京方向去。赵匡胤却勒住缰绳，让马停了下来。他扫视了一周，严肃地大声对众将说："你们这些人自己贪图富贵，却要立我为天子。你们要是听我的号令就罢了，不然，我决不当你们的君主！"

全体将领都下马跪倒在地，齐声道："愿意听从陛（bì）下的号令！"

赵匡胤说："回到汴京，你们都要好好约束各自的部下。要好好地保护太后和皇上，不能为难朝中大臣，不能随便抢夺仓库和财物。这些，就是我的命令！服从命令的，有赏！违反命令的，我饶不了他！"将士们齐声答应："遵命！"

汴京称帝

于是，大军调转方向，不多久就到了汴京城外。

这时早朝还没结束，宰相范质听到兵变的消息，慌张地拉着另一位宰相王

溥（pǔ）的手说："那天选用赵匡胤当主帅，真是太草率了。这都是我们俩的罪过啊！"范质又着急，又激动，紧紧地抓着王溥，指甲都掐进了王溥的肉里。王溥也吓得直发抖，半天说不出一句话来。

留守在汴京的禁军将领看到这个形势，想要反抗，被杀了。

赵匡胤进了城，就命令大军就地解散，各自回到原来的军营。将士们拥着范质等大臣来见赵匡胤，赵匡胤一见到范质就哭着说："先帝对我情深义重，现在我却被部下逼着，做出这样的事情来，真是愧对天地啊！你们说，我现在该怎么办呢？"

范质见他说得诚恳，以为事情还有商量的余地。可还没等他开口，旁边就有人举着剑厉声说："我们这些人没有了君主，今天一定要立您为天子！"看着明晃晃的剑，有的大臣十分害怕，赶紧跪下来参拜。

于是，范质、王溥等人请赵匡胤来到崇元殿，举行受禅（shàn）大礼。文武百官接到通知，都赶来上朝。按照规矩，后周小皇帝让位给赵匡胤，要下一道禅让的诏书。可是，仓促之间请谁来写这封诏书呢？没想到，一位翰林院的官员竟然变戏法似的从袖子里拿出一份事先准备好的诏书来。

赵匡胤接受了禅让诏书，登上了皇帝宝座。赵匡胤此前担任过归德军节度使，而归德军在宋州，就决定把"宋"作为国号。赵匡胤就是宋太祖。

（故事源自《宋史》）

知 识 卡 片

黄袍也有好多种

黄袍，通常是指古代帝王的袍服。据记载，黄色与帝王服饰相关联，是从隋唐时开始的。唐高祖时，朝廷下令禁止官员和百姓穿黄色的袍服。后来，民间禁穿黄色衣服就成为常态。从隋唐到明代，帝王的袍服多用杏黄色，或称赤黄色，清代则改为明黄色。

你怎么看？

赵匡胤说他黄袍加身是被将士们逼迫，而另一种说法是陈桥兵变整个事件就出于他与赵普、赵匡义等人的密谋。你赞同哪种看法？

一桌酒席释兵权

老朋友的提醒

赵匡胤当上皇帝后不久，就有两个节度使起兵造反。后来，他让自己信得过的石守信和高怀德掌管禁军——也就是当时朝廷军队的主力，终于能睡个安稳觉了。赵匡胤的智囊赵普却不这么想。赵普深知唐末、五代武将拥兵割据、骄横跋扈（báhù）的教训，常常提醒赵匡胤注意防范。

赵匡胤对此不以为然，说："他们跟我都是老交情了，肯定不会背叛我的。你用得着这么担心吗？"

赵普耐心地解释道："我了解他们的为人，也不担心他们会背叛陛下。可是谁能保证他们的手下不贪图富贵呢，仔细看看这几位将军，哪个是真正的统帅之才？万一哪天有人拥戴他们，只怕也由不得他们啊！"

赵匡胤听了,不禁沉思起来。

有一天,赵匡胤召见赵普,和他谈论天下大事,谈着谈着,长叹了一声,说:"从唐朝末年到现在,不过几十年时间,换了八姓、十二个皇帝。他们一个接着一个,用僭(jiàn)越、篡(cuàn)夺、窃位等卑鄙手段,登上皇位,搞得天下战火不断,生灵涂炭。我想让天下不再有战争,百姓不再受乱离之苦,人人都能过上好日子。你说说看,我该怎么办呢?"

赵普知道之前的谈话赵匡胤听进去了,便说:"陛下能有这份心思,真是我们的福分啊!依我看,问题的根源出在节度使。节度使们的根基太深,权力太大,只要慢慢削夺他们的权力,天下自然会安宁的。"

赵匡胤说:"爱卿不用说了,我已经明白该怎么办了。"

皇上请喝酒

赵匡胤生性豪爽,经常在退朝后和老朋友们喝酒,并不十分拘泥于君臣礼节。

有一天晚朝后,赵匡胤把石守信等几位禁军高级将领留下来喝酒。酒喝到兴头上,赵匡胤让侍从们都退了下去,只留下几位老部下,敞开了喝。借着酒意,赵匡胤跟旧日的弟兄们念起了苦经。他说:"要不是你们哥儿几个,我也到不了今天的地位。可这个皇帝也不好当啊!我可远不如你们这样,做个节度使,逍遥自在。我每天都忧心忡忡,连睡觉都睡不安稳啊!"

石守信等人听了一头雾水,急忙问道:"皇上这么有威望,还有什么不放心的?说出来,我们都愿意为陛下分忧。"

赵匡胤说:"你们难道不明白吗?我这个位子,谁不想坐呢?"

石守信等人听了,知道赵匡胤话里有话,都大惊失色,赶忙跪下连连磕头,说:"陛下怎么说出这样的话来呢?如今天命归于大宋,陛下英明神武,谁还敢有异心呢?"

赵匡胤摇了摇头,看看跪在地上的几个人说:"你们几个,我当然是信得过的。可难保你们的部下有人想要荣华富贵啊!一旦有人把黄袍披在你们的身上,即便你们没有非分之想,又能怎么样呢?"

石守信等人听到这里,感觉大祸临头了,趴在地上,头也不敢抬起来,含着眼泪说："我们这些人愚笨，没有想到这一层。只求陛下可怜我们这些老臣，给我们指一条生路。"

赵匡胤说："人生短暂，就像白驹过隙一样。有些人追求荣华富贵，只不过是想多积攒些钱财，让自己日子过得舒心，也让子孙不要受苦受穷罢了。你们为什么不交出兵权，去做个大州的长官呢? 还可以多置办一些良田美宅，替子孙后代建立永远不可动摇的产业。你们自己呢，也可以过美好的晚年生活。我还可以和你们约为儿女亲家，君臣之间，再也不用互相猜疑，我们还是好兄弟，安安生生的，不是很好吗? "

石守信等人连忙谢恩道："陛下为我们考虑得这么周到，真是给了我们第二次生命啊！"

第二天，石守信等人都递上奏章，说自己年纪大了，身体又有病，请求解除禁军的兵权。赵匡胤欣然同意，收回了他们的兵权，赏赐给了他们很多财物，便打发他们去各州了。

不久，赵匡胤想任用另一位老将符彦卿掌管禁军，赵普说："符彦卿的名望和地位都已经很高了，怎么可以再把兵权交给他呢？" 赵匡胤说："朕对待彦卿这么优厚，他不会辜负我的。"赵普也不怕被砍头，说："那陛下怎么就能辜负周世宗呢？" 赵匡胤听了，沉默不语，就不再提这件事了。

赵匡胤用一桌酒席就让一群老将放下自己手中的兵权，历史上把这件事称为"杯酒释兵权"。

节度使也没了兵权

搞定了禁军将领，赵匡胤又开始琢磨藩镇节度使的事情来。

有一年，几个藩镇节度使来京城朝见，赵匡胤在后苑招待他们。喝了一些酒后，赵匡胤对他们说："你们都是国家的老臣，长年在外镇守重地，十分辛苦，到现在也没有安心享乐的时候，这实在不是我的本意啊。"其中一个聪明的节度使听出了赵匡胤话里的意思，连忙说："我本来就没有什么功劳，却长期享受陛下的荣宠。现在年纪大了，能够回到家乡，安度晚年，我也就心满意足了。"另外一个却傻乎乎地说自己多么辛苦，有多么大的功劳。惹得赵匡胤很不耐烦，他说："这些都是以前的事情，你就不要再提起了！"

第二天，赵匡胤收去了这些节度使的兵权，给他们安排了闲散高贵的官职，赐予优厚的待遇。至此，唐朝以来藩镇割据危害中央的问题，得到彻底解决。

与此同时，赵匡胤采用赵普的策略，任命文臣为知州事。各军州的功臣宿将，赵匡胤逐步削减他们的兵权，等到他们老死，或者升迁、退休，就让文臣代替他们掌握军队。

赵匡胤又让各军州派士兵来充实禁军的力量。从这些士兵中选出特别强健的，确定为兵样，分别送到各军州，让他们照兵样训练士兵，练成的精锐，再送至禁军中。他还在军队中推广轮流换防的方法，让将士们在行军途中培养吃苦耐劳的能力，增强战斗力。从此，宋朝的将领不再专门率领某支军队，而士兵们也不至于因为过惯了和平日子而骄纵懒惰。

(故事源自《宋史》《宋史纪事本末》)

知 识 卡 片

中国古代的酒禁

我国的酒文化源远流长，但古代也经常有关于饮酒、酿酒的禁令。禁止私人酿酒，由官府兴办或许可的酒坊专门负责酿酒，既方便管理，又能保障税收，同时又可以避免浪费粮食。禁止随意饮酒，则是为了预防饮酒误事，或者酗酒闹事。古代的酒禁，时而严格，时而松弛，每个朝代各有不同。

你怎么看？

你觉得赵匡胤的办法好吗？

锦囊妙计定江南

宋太祖赐锦囊

宋太祖赵匡胤统一全国的脚步一直没有停歇。经过多年的努力，总算看到了希望，这一天，他把目光投向了江南地区的南唐。

多年以来，尽管南唐表面臣服，一再委曲求全，暗中却在一直进行着战争准备。

南唐后主叫李煜，他是个著名的词人，文学艺术成就很高。但作为一国之君，却有些不合格。李煜性格懦弱，缺乏远见。他不关心国家，却一味迷信佛教。这可给了宋太祖一个好机会。宋太祖得知李煜的这个爱好，就选派了一名口才很好的年轻和尚，渡过长江来见后主，与他谈论佛教的道理。李煜十分信任、尊重这个年轻的和尚，成天听他讲论也不厌倦，把国家大事全都抛到脑后。李煜又沉湎（miǎn）声色，任用那些没有治国才能的人，国势就越来越衰败了。

这样过了几年，宋太祖见时机成熟，就任命曹彬为主将、潘美为副将，率十万大军，攻打南唐国都江宁（今江苏南京）。

曹彬为人忠厚朴实、沉稳谦让。宋太祖在担任禁军统帅时就很器重他。

大军出发前，曹彬、潘美等人向宋太祖辞行。宋太祖拉着曹彬的手，语重心长地说："南方的事情，就都拜托你了。你一定要记住，千万不要伤害当地的百姓，最好是能不动刀兵，让他们自动归顺。"宋太祖还特别叮嘱道："你们千万不要伤害李煜一家。"

宋太祖又将自己佩戴的宝剑赏赐给曹彬，还郑重地交给他一个锦囊，并当着众人的面说："副将以下，怎么管他们，怎么治罪，都写在这个锦囊里了。万一有不听你话的，你只要打开锦囊，直接就可以用这把宝剑杀了他，不用事先向我奏报！"潘美等人听了，都吓得变了脸色。

　　曹彬率领大军乘战舰从荆南顺流而下，沿江一带的南唐守军以为只是宋朝派兵在巡逻，都没有防范，反而不停地送酒肉来犒（kào）劳。等到大军到了池州（今属安徽），南唐的守军才发觉宋军不像是平日巡逻的样子，想要抵抗却已经来不及了。曹彬率军占领池州，又在铜陵击败南唐守军，顺利推进到离江宁城不远的采石矶（jī，今安徽马鞍山）。

用钓鱼线丈量长江

　　池州有个考试落选的书生，他早就预料宋朝军队有一天会渡过长江。于是他每天乘坐一只小小的钓鱼船，在采石矶附近的长江上游荡，大家都以为他在钓鱼，其实他是在用丝绳丈量江面的宽度。他把丝绳系在南岸，然后快速驾船到达北岸。这样往返十几次后，这一带江面的宽窄被他丈量得一清二楚。

　　书生将这些情形详细记录下来，并上报给朝廷，建议在采石矶一带造浮桥，渡江攻取南唐。宋太祖采纳了这个建议，这个书生只用了三天时间就把浮桥造好了。宋军的步兵从浮桥上渡江，就像在平地上行走一样便捷。

这时候，南唐军队已经多年没有打过仗了，老将们死的死，退的退，带兵的都换成了没有经验的年轻将领。南唐的水军乘着战舰想来冲击浮桥，被潘美指挥的水军和步军击退；南唐的步军和宋军一接触，更是被打得丢盔弃甲，一时间溃不成军。

不久，曹彬又击败其他两地的南唐军队。大军逼近秦淮河，副将潘美不等渡河船只置办齐备，就率领一队勇士蹚水过河抢先进攻。大军随后跟进，最终南唐军大败。

我的床只有我能睡

宫中的李煜每天依旧快乐地生活着，他每天得到的消息都是说江宁城防守得多么严密，宋朝军队多么软弱，无论如何他们也不能靠近城墙一步。可等到有

一天他亲自登上城墙，才发现原来自己一直被蒙在鼓里，他慌张地对着身边的人说："这是怎么回事，怎么城外到处都是宋军的旗子？"

围困了几个月，润州（今江苏镇江）的守将也开城投降了。

李煜见形势对自己越来越不利，急忙派大学士徐铉（xuàn）到汴京请求宋太祖退兵。徐铉说："李煜无罪啊，陛下！李煜对待陛下，就像儿子对待父亲那样啊。他那么尊敬您，从来没有做过对不起您的事。陛下为什么还要这样对他呢？"宋太祖没有理睬。

过了一个月，徐铉再次到汴京请求退兵，宋太祖看着他那张喋喋不休的嘴，非常烦躁，手按宝剑厉声说道："你不要再说废话了！李煜确实没有什么罪过，但天下本该是一家的，我的床上又怎么容得下别人占去一半打着呼噜睡大觉呢？"徐铉吓得出了一身冷汗，只好灰溜溜地回到江南去了。

李煜求和不成，只好派军迎战。南唐军队想放火烧毁采石矶的浮桥，却被曹彬用疑兵之计吓退。宋将率水军、步军反攻，南唐军队慌忙间放火抵抗，正巧风向变化，反而烧到了自家的战船。南唐军队节节败退，为首的将领也做了俘虏。

曹彬派人送信给李煜，说："江宁已成孤城，只是因为怜惜满城的百姓，我们才没有强攻。你们趁早归顺大宋，才是最好的出路。"李煜不听。

不久，宋军攻破江宁城。李煜率领文武官员出来请罪，曹彬好言好语安慰李煜，还用宾客的礼节对待他，并送他回到宫中，换了衣服，才将他与其他人送到汴京。李煜到了汴京，宋太祖封他为违命侯，南唐的宗室和大臣，也都封了官职。

曹彬、潘美等人平定江南，没有一个士兵敢侵扰百姓，宋太祖很高兴，亲自设宴款待他们。曹彬说："这次有幸不辱使命，之前陛下赐予的锦囊，我也不敢私藏，带回来还给陛下。"宋太祖接过锦囊，慢慢地将它打开，里面包的竟然是一张白纸！

原来，宋太祖的这个锦囊大有深意：没有人犯法，当然是再好不过了。如果真有大将犯了军法，曹彬打开锦囊，而他看到的是一张白纸，自然会向皇上请示之后再做决断。这样，决断的权力仍然掌握在皇帝手上。就是这样一个装着白纸的锦囊，一方面帮助曹彬树立了权威，震慑了副将潘美及以下的将士，另一方面并没有授予曹彬擅自斩杀大将的权力，这实在是恩威并施的好办法！

（故事源自《宋史》《宋史纪事本末》）

知识卡片

北宋有四京

北宋的四京，即东京开封府（今河南开封）、西京河南府（今河南洛阳）、南京应天府（今河南商丘）、北京大名府（今河北大名东北）。其中，东京又叫汴京，是北宋的首都。

故事里的成语 卧榻之侧，岂容他人鼾睡：自己的床，怎么能让他人占去一半而呼呼大睡？比喻捍卫自己的利益，不容许他人侵占。

宋太宗荡平北汉

北汉和后周的仇怨

在宋朝统一全国的进程中，最后一个消灭的割据政权是北汉。

北汉，也是五代十国的"十国"中唯一位于北方的国家，都城是晋阳（今山西太原），位置大致在今天的山西省中部和北部。北汉的建立者是后汉高祖的弟弟。后汉高祖的儿子杀了大将郭威的全家，郭威又起兵灭了后汉建立后周。因此，北汉和后周有仇，为了对抗后周，北汉投靠了北方的契丹。周世宗柴荣曾经亲自率领大军攻打北汉，不幸突然得了重病，只好收兵回朝。

宋朝建立后，后周大将李筠（yún）不愿意被宋太祖统治，就勾结北汉皇帝刘钧发动叛乱。李筠声称要为后周报仇，而北汉和后周却是仇敌，因此两支军队表面上合作，内心却各怀鬼胎。不久，李筠就兵败自杀了。

宋太祖趁机派人捎话给刘钧说："你家与后周世代结仇，是不好和解的。现在是大宋的天下，我赵家和你们刘家没有什么过节，不如早日归顺我大宋。你要

是想跟我比一比谁更厉害，咱们就干脆带兵在太行山打一架。"

刘钧也派了人到汴京，给宋太祖回话说："我们的土地虽然面积不大，士兵也不多，没有能力对抗你们这样的大国。可我家世世代代住在这里，我也不能让刘家的宗庙、祖坟没有人祭祀(sì)啊。"

宋太祖见他说得可怜，十分同情他，就跟来人说："替我回去跟刘钧说，让他把心放在肚子里，我放他一条生路。"因此，刘钧在世的时候，宋太祖一直没有派兵进攻北汉。可是，宋太祖真有这么好心吗？

吃着烤肉，谈着大事

那是一个下着大雪的冬日，宋太祖约了弟弟赵光义一起到宰相赵普家中。三人一边吃着炭火烤肉，一边喝酒。不一会儿，他们谈起北汉的事情，赵普说："北汉的北面是契丹，西面是党项部。如果现在攻灭北汉，我们就要直接面对西方和

北方的敌国了。不如暂时留着北汉，等将来削平各国，收复幽、燕各州，北汉这弹丸之地，逃不出咱们的手心。"宋太祖听了，笑着说："我也是这个意思啊。"

北汉皇帝刘钧去世后，宋太祖派人攻打北汉，失败了。后来，宋太祖亲自率领大军进攻北汉。到了太原城外，宋军将太原城团团围住。北汉的将领曾想趁着夜色突袭宋军，都被宋军击退了。宋太祖又命士兵拦住汾河和晋水，将水灌进太原城中，太原城里人心惶惶。

北汉将领多次劝自家的皇帝出城投降，都没有成功。不久，契丹又派兵来救北汉，宋太祖派出两路兵马阻击契丹军。契丹军大败，连忙逃了回去。宋军将俘虏的契丹士兵押到太原城下，城中的人见契丹援兵指望不上，都很丧气。

北汉皇帝一面向契丹继续求援，一面又假称要开城投降来拖延时间。这时已经到夏天，天气炎热多雨，宋军不少将士都生了病。而契丹的新一拨援军又在赶来，宋太祖不得不退兵。

平定江南后，宋太祖发动了对北汉的第三次战争。和前两次一样，依旧没有成功。

完成哥哥的梦想

不久，宋太祖突然去世。他的弟弟赵光义继承了皇位，历史上称宋太宗。几年后，宋太宗与大臣商议讨伐北汉的事情。很多大臣都不赞成出兵，只有曹彬赞同宋太宗的意见。

宋太宗单独召见了曹彬，问道："周世宗和本朝太祖皇帝都曾亲征北汉，为什么就没有攻下小小的太原城呢？"

曹彬说："周世宗那时，士兵们没有挡住契丹援军，造成军心动摇，只能退兵。太祖大营驻扎在甘草地，正赶上夏季炎热多雨，士兵生病的太多，也只能停止讨伐。现在国家兵强马壮，荡平太原，就是摧枯拉朽，有什么难的呢？"这番话说到了宋太宗的心坎里，他终于下了决心，出兵太原。

于是，宋太宗派人四面围攻太原城，又命人阻断契丹的援军。之后，宋太宗亲自统领大军，向太原进发。

赶来帮助北汉的契丹人，半路途中被宋军打败，只得退回。宋军接连又攻下很多地区，太原很快成了一座孤城。太原城里的人逃的逃，投降的投降，太原城越来越危急了。宋太宗一面让众将加紧攻城，一面敦促北汉皇帝快快投降，并答应不追究他顽抗的责任，许诺他荣华富贵。于是，北汉皇帝写了投降书，开城投降。宋太宗终于完成了哥哥宋太祖没能完成的统一大业。

（故事源自《宋史》《宋史纪事本末》）

知识卡片

皇帝一天看三卷的书

《太平御览》由李昉（fǎng）、李穆、徐铉（xuàn）等人奉宋太宗的旨意编纂。该书以天、地、人、事、物为序，采历代书籍分类编写，分五十五部，可谓包罗古今万象。最初的书名是《太平总类》。据说书成之后，宋太宗每天看三卷，一年读完一遍，因此改名为《太平御览》。

你怎么看？

北宋统一全国的总体战略是"先南后北，先易后难"。你在处理学习和生活上的问题时，喜欢采用"先易后难"还是"先难后易"的方法？

花钱买来的和平

辽军来了，怎么办

1004年，萧太后和辽圣宗亲率二十万大军，大举侵宋。边关的告急文书不断报到朝廷，刚上任一个月的宰相寇（kòu）准却没有把这些警报当回事。

很快，辽军就抵达了澶（chán）州（今河南濮阳西）城附近。澶州离宋朝的京城汴京很近。得知这个消息的宋真宗十分着急。大臣们也都很惊慌，纷纷嚷嚷着迁都，以避开辽军的兵锋。有的甚至连迁都的地址都想好了，比如金陵，或者更远的成都。只有少数人主张坚决抵抗辽军。

宋真宗看着满朝的文武大臣，不知如何是好。他正想问问寇准的意见，却根本找不到寇准这个人。他忙问："寇准怎么没来上朝，他去哪儿了？"

有大臣阴阳怪气地回答说："说不定他还在家里喝酒呢！"

宋真宗急忙派人找来寇准,问他该怎么办。

寇准轻描淡写地说:"这好办。陛下真要解决问题,用不了五天。"

宋真宗见寇准这么有把握,心里也踏实了些。他告诉寇准,有人提议迁都金陵或成都,寇准听了,大声问道:"是谁出的馊主意?应该砍掉出这主意的人的脑袋,用他们的人头祭军旗!陛下英明神武,我朝君臣一心,如果陛下御驾亲征,就一定能让辽兵不战自退。就算陛下不亲自率兵,只要派出劲旅挫敌锐气,坚守城池,就能让辽兵无机可乘。而迁都避敌,一定会让军民失去抵抗的信心。人心崩溃了,辽兵乘胜深入,大宋的天下还保得住吗?"

宋真宗这才下决心亲征。他又问寇准:"北方的天雄军是个重镇,万一被辽军占领,后果不堪设想,派谁去守好呢?"寇准想了想,说:"天雄军如此重要,得派个得力的大臣去守卫,就派王钦若去吧。陛下最好把他叫来,当面交代任务。"

王钦若进了宫,还没来得及开口,寇准就说:"圣上亲自带兵出征,我们当臣子的怎么能怕苦呢?你是国家栋梁之臣,应该懂得这个道理吧?"王钦若本来是最积极主张逃跑的,被寇准点了将,虽然心里害怕,却也不敢说出来,只好立刻接了这个差事。

辽军虽然来势汹汹,黄河以北的各路宋军却也抵抗得十分坚决。萧太后见猛攻宋军占不到便宜,只好暂停攻击,派出小股部队四处抢劫掠夺。

双方僵持了一段时间,辽国便派人来议和。宋真宗得到报告,对宰相毕士安说:"契丹这么强悍,恐怕议和是假的吧。"毕士安想了想说:"这次契丹攻打我们,没有得到什么好处,想退回去,又怕遭人耻笑,因此进退两难。他们想求和未必是假的。"宋真宗于是派曹利用前去商讨议和的事情。

萧太后见了曹利用,向他提出一个条件,说只要宋朝将关南之地割让给辽,辽军就退兵。曹利用说:"关南历来就是中原的土地,怎么能割让给贵国呢?贵国如果真的想议和,就不要再说要地的事情了。即便是赐给你们金帛,我朝还要考虑考虑呢。"萧太后很不高兴,逼问道:"不割地,不给钱,那议什么和呢?你难道不怕死吗?"曹利用毫不相让,回敬道:"我要是怕死,就不会来了!"

总是想逃跑的皇帝

谈判没有成功,宋真宗只能正式亲征。宋军的先锋部队,在离辽军前锋不远处扎下了大营。两方还没有交战前，辽军的一个主将带着几个骑兵到阵前观察地形。宋军的一个猛将看见对面有一个穿黄袍的，料想不是普通骑兵，来不及禀报，就直接扣动了床子弩的机关，无数支箭一齐向辽军主将射去。辽军主将应声倒地，其余随从也大半被射伤。

辽军死了主将，一时无力发动进攻。而在天雄军的王钦若也不敢出战，每天念着佛祖保佑，龟缩在城里死守。

这时，留守东京的雍王病逝，宋真宗命王旦赶回东京。王旦出发前，一脸严肃地对宋真宗说："请陛下召见寇准，臣有重要的事需要当着他的面启奏。"

寇准来了，王旦奏道："如果十天不能击退辽兵，我们该怎么办？"宋真宗思考了好一会儿，说："那就立太子。"

这时，又有大臣提起迁都的事情，宋真宗不觉动摇起来。他与寇准商议，寇准说："陛下只能前进，不可后退。河北将士天天盼望着陛下来，陛下亲临前线，他们一定士气百倍；如果陛下现在后退半步，前线将士的军心就瓦解了。那时候，别说汴京守不住，就是想退到金陵也未必有机会了。"即使寇准苦口婆心的劝解，宋真宗依然犹豫不决。

寇准从行宫出来，撞见禁军大将高琼。他叫住高琼说："您受国家厚恩，现在正是为国效力的时候啊。"高琼明白寇准所说的意思，连忙说："我愿意为国家出生入死。"于是，寇准又和高琼进去找宋真宗，他说："陛下如果不相信我的话，也可以问问高琼。"高琼说："寇大人说得极是。"寇准又催促宋真宗说："机不可失，陛下赶紧起驾吧！"宋真宗这才勉强答应。

大军进至黄河边的澶州南城，远远看见对岸辽军的营帐，宋真宗有点惊慌。寇准说："陛下不渡过黄河，就不能振作士气，也就无法震慑敌人。现在我们有机会打赢，陛下还怕什么呢？"宋真宗这才下定决心，渡过浮桥，到了北城。将士远远望见皇帝的车盖，都欢呼雀跃，高呼"万岁"。

宋真宗让寇准全权负责军事，寇准便调兵遣将，发布号令，将士们都心悦诚服。辽军派了几千人来挑战，宋军将士奋勇争先，斩杀了一大半辽兵。

宋真宗退回行宫，留寇准在北城指挥。过了两天，宋真宗派人去探听寇准的行动，回来报告的人说："寇准在和人喝酒、下棋。"宋真宗见寇准如此镇定，顿时放了心。

三十万买来的和平

　　辽军接连吃了败仗，又想跟宋朝议和。对于议和的事，宋朝分成了两派。主和派惧怕辽军，说我们应该见好就收，如果能用财物换来和平那是再好不过的。寇准是主战派的，他不同意用金银财物讲和，主张趁机收复幽州、蓟州，彻底断绝北方的后患。他还把自己的计划详细地告诉了宋真宗，说这样才可能有百年的太平。宋真宗却说："几十年后，总会有抵挡辽兵的人出来的。朕不忍心看到生灵涂炭，就和他们议和吧！"

　　于是，宋真宗命曹利用再次前往辽营，吩咐说："只要不割让土地就可以，岁币不妨多给些，就算增到百万，也无所谓。"曹利用点头退下。寇准听到消息，立即把曹利用叫来，威胁他说："皇上虽说允许多给岁币，我的意思却是不能超过

三十万，你要是给的多了，当心你的脑袋！"

曹利用见了萧太后，据理力争，果然守住了三十万的底线。最后谈判的结果是：宋朝每年送给辽白银十万两、绢二十万匹；辽的皇帝称宋真宗为兄，宋真宗称萧太后为叔母。因为盟约是在澶渊签订的，所以称作"澶渊之盟"。

曹利用完美完成任务，兴冲冲地回来复命。侍臣问他许给辽国多少钱，曹利用没有说话，只是伸出三个手指。侍臣以为是三百万，惊呆了，跑去向宋真宗报告。宋真宗十分心疼，说："太多了！太多了！"但是一想到能够结束战争，他又觉花三百万是值得的。等到他召见曹利用的时候，才弄清楚原来是三十万，连连夸他能干，为国家立了大功。宋真宗对这个盟约颇为得意，自己还写了诗文庆祝这次的"胜利"呢。

（故事源自《宋史》《宋史纪事本末》）

你怎么看？

　　有人认为，用有限的岁币换取长期的和平，对宋朝是有利的；也有人认为，这是个屈辱的盟约。你对此有什么看法？

泥盒子里飞出了鸽子

我们生来就是英雄

宋朝初年，生活在西北部夏州一带的党项族渐渐强盛起来。宋太宗时，党项族首领李继迁自称夏王，并得到辽的正式册封。李继迁却不是一个老实的人，他一会儿发兵侵扰宋朝，一会儿又上表请求册封。宋朝那时正忙着对付辽，对他的行为只能睁一只眼，闭一只眼。李继迁死后，他的儿子李德明从吐蕃、回鹘手里夺取了甘州、凉州，控制了整个河西走廊。

李德明知道自己的实力还不能跟宋朝对抗，就写奏章，表明自己愿意投靠宋朝。宋真宗同意了他的请求，封他为西平王。

李德明的儿子李元昊对父亲臣服宋朝十分不满。李德明解释说："这么多年我们一直打仗，弄得百姓怨声载道。我们党项族三十年来，能够穿漂亮的衣服，

靠的就是宋朝的恩惠啊!"李元昊却不屑地说:"穿皮毛衣袍,放牛放羊,是我们的本性。我们生来就是英雄,应该自己当老大,怎么能为了穿好看的衣服就听宋朝的呢?"

李元昊志向远大,还精通汉文字。他继位为西夏王后,仿照中原朝廷设立文官武将,仿照汉字创制了西夏文字,还任用汉族读书人做官。不久,李元昊正式称帝,建立西夏王朝。

撒腿就跑的西夏军

李元昊多次入侵宋朝,宋仁宗派韩琦和范仲淹去西北地区坐镇指挥。一次,宋仁宗将韩琦召回京城,商讨攻守的策略。听了韩琦的汇报,宋仁宗决定采取进攻的方式,命令韩琦与范仲淹会合,立即进攻西夏。范仲淹觉得此时不是出战的好时机,请求保留一路士兵来牵制李元昊。宋仁宗答应了他的请求。韩琦认为一

路进军，一路牵制，会显得兵力不足，也影响进攻部队的士气，于是一再要求范仲淹一同出兵。范仲淹坚持自己的主张没有听从。朝廷觉得韩、范二人各有各的道理，难以调和。

宋军还没来得及做好进攻的准备，西夏已经打过来了。韩琦派任福率领一万多人的部队，前去迎敌。韩琦深知元昊十分狡诈，善于使用诱敌之计。因此，他让任福行军时多加小心，各营寨相隔不要超过40里，方便互相救援，也便于供应粮草。万一吃了败仗，也不要惊慌，撤到附近的堡垒，或者在险要的地方扎下营寨，设置埋伏，与敌军周旋。韩琦再三嘱咐任福说："这次决战，你千万要谨慎，不可贪功。否则，即使打了胜仗，也要砍你的脑袋。"

宋军与西夏军在路上相遇，双方展开了激战。宋军人多，气势正旺，很快斩杀了好几百敌人。还有不少西夏军一看到宋军就跑，连牛羊和骆驼都不要了。看到西夏军队战斗力这么弱，任福等人便产生了轻敌的情绪。

泥盒子里装了什么

宋军沿着好水川往西走，绕过六盘山，在路旁看到了几个用泥巴做的盒子，里面还有"噗噗"的响声。宋军士兵觉得很奇怪，就打开了泥盒子，只见里面飞出许多只鸽子，鸽子在宋军上空盘旋，发出尖利的叫声。正当宋军抬头看天空的鸽子时，西夏骑兵从四面八方围了上来。为什么西夏军来得这么快呢？原来西夏军早就埋伏在四周，泥盒子也是他们故意扔在路边的，等到宋军打开泥盒子，他们

根据鸽子盘旋的地点，就知道宋军的位置了。

任福急忙组织部下战斗，然而西夏骑兵左冲右突，宋军根本列不成阵。任福正要抢占有利地形，忽然看到西夏阵中树起了一面大旗。这面大旗向左一挥，左边的伏兵冲出；向右一倒，右边的伏兵又起。西夏兵居高临下，宋军无法抵挡，任福也受了伤。有士兵叫任福赶快逃走，任福大声说："我是堂堂大将，今天既然兵败，就以死报国好了！"说完，挥刀奋力拼杀，最后死在了战场上。

好水川之战后，西夏继续攻打宋朝，宋军损兵折将，又要对付辽国，只得向西夏求和。而西夏由于接连不断地打仗，百姓生活很艰苦，也不愿意再打仗了，李元昊便同意了议和。宋朝每年送给西夏绢、白银和茶。这又是花钱买和平。

（故事源自《宋史纪事本末》）

像汉字的西夏文

西夏文又名河西字、番文、唐古特文，是记录西夏党项族语言的文字。西夏文共五千余字，形体方整，笔画繁冗，结构仿汉字，又有自己的特点。西夏文曾在西夏王朝所辖的今宁夏、甘肃、陕西北部、内蒙古南部等地，盛行了约两个世纪。

你怎么看？

宋军士兵因为好奇打开了泥盒子，而暴露了自己的位置。如果你是宋军中的一员，你会打开泥盒子吗？

王安石大变法

宋神宗信任王安石

宋神宗当上皇帝时，才19岁，正是年轻气盛的时候。有一次他听了负责财政工作的大臣的汇报，才知道原来国家那么穷，连边防的军费都成了问题。

宋神宗下定决心，要把国家治理得国富兵强，让国力真正强盛起来。他看着身边的宰相和重要岗位上的大臣，多数是仁宗时候过来的老臣。他们经验丰富，威望高，却缺乏锐气和胆量，想要靠他们来扭转"积贫积弱"的国势，那是完全没有指望的。宋神宗把目光投向一个官职很小、名声很大的官员身上，这个人就是

王安石。

　　宋神宗是怎么知道王安石的呢? 在他还是太子的时候, 手下有个叫韩维的官员, 谈论起治国理政的事务, 常常有很高明的见解。宋神宗称赞他, 他却说: "我可没那么厉害, 这些都是我的好朋友王安石的见解。" 这样的情况出现了多次, 宋神宗对这个从来没有见过面的王安石就有了非常深刻的印象。

　　王安石从小就聪明好学, 读书过目不忘, 年纪轻轻就考中了进士。本来他是有机会在京城里工作的, 如果干得好, 将来还能升官, 甚至出任宰相。可是, 王安石却选择了在地方上历练。他在地方干得有声有色, 引起了朝廷大臣的注意。很多大臣想给他升官, 他都推辞了。

　　这一次宋神宗的召见, 王安石没有拒绝, 因为他听说宋神宗正在寻找能帮他改革的人, 王安石觉得懂自己的人出现了。一到京城, 宋神宗就单独召见了他, 问

道："治理国家最要紧的是什么？"王安石答道："关键在于选择合适的方略。"宋神宗追着问："唐太宗怎么样？"王安石却说："陛下应该效法尧、舜，怎么去学唐太宗呢！"此后，宋神宗经常召见他，与他谈论治理国家的方法。君臣二人在很多事情上的看法完全一致，宋神宗对王安石非常信任。

王安石的新规定

1069年，王安石开始变法，他制定了一系列的新规定，如青苗法、免役法、方田均税法、裁兵法、保甲法、保马法等。

王安石认为在庄稼没有成熟、百姓没有粮食吃的时候，政府应该借钱、借粮给百姓，收取一定的利息，等到秋天粮食收获的时候，百姓再连本带息还给政府。这就是青苗法，王安石在做地方官的时候就用过这个办法。

不管是老百姓还是地位较高的官员、有钱的地主，都应该服劳役，如果有人不愿意服劳役，那就交钱才能免除。这叫免役法。

政府还应该重新丈量土地，并将土地按土质的好坏分等级。好的土地要多收一些税钱，差一点的地少收一些税钱，官员和地主也要交税。这叫方田均税法。

王安石认为军队里面超过50岁的士兵都应该被淘汰，他们年老体弱，即使上了战场也打不过敌人。那些考试不合格的士兵，也应该被淘汰，而不是继续养着他们。他还让百姓没有农活儿的时候接受军事训练，并让他们自己养马，准备战争时用，等等。

这么一会儿，我们就说了好几条规定，然而这些只是王安石新规定中的一小部分。

新法被取消

新法的实施，取得了一定的效果，却也让一些人很不满，他们就是官员、贵族、大地主和大商人，因为王安石的新规定损害了他们的利益，比如，那些贵族以前可以不服劳役，现在必须服劳役，不去的话还得交钱，他们肯定不高兴啊。因此反对新法的声音很大。赞成改革的革新派和反对改革的守旧派的斗争十分激

烈。我们熟知的砸缸救小朋友的司马光就是守旧派的代表之一，司马光曾经三次写信给王安石，信中密密麻麻地写满了新规定的各种不好，他劝王安石停止并废除这些新规定。王安石是一个固执的人，他认定的事就一定要做，十头牛也拉不回来。为了变法，他不怕得罪任何人，于是他给司马光回信，对司马光的指责逐一反驳，表明自己变法的坚定决心。

在变法刚开始的时候，王安石也比较注意考察大家对新规定的反应，以便随时纠正、调整。但由于反对新法的人常常故意阻挠，王安石为了推动变法，措施往往比较强硬，有些考虑不周的地方。于是，新法本身的一些缺陷也渐渐显现出来，反对的人越来越多，连宋神宗都有些动摇了。

一年春天，许多地方遭受旱灾，朝廷内外的守旧派以"天变"为借口，又一次掀起对新法的围攻。甚至还有官员画了一幅《流民图》描绘灾民的惨状，并说这些都是新法造成的。宋神宗看了那幅图，难过得几天几夜睡不着觉，也开始怀疑是不是真的因为变法招来了"天变"。宋神宗的祖母和母亲也向他哭诉"王安石乱天下"。宋神宗没有办法,只好罢免王安石的职务,变法遭受重大挫折。宋神宗去世后,新法就被完全取消了,王安石变法最终归于失败。

(故事源自《宋史》《宋史纪事本末》)

知识卡片

小小指南针的大贡献

北宋有文献记载,"舟师识地理,夜则观星,昼则观日,阴晦则观指南针",意思是当时航海的人在海上航行时,晚上靠星星分辨方向,白天则看太阳,阴天的时候就看指南针。说明北宋时期,指南针已经应用到航海上。指南针是中国古代四大发明之一,它是由磁铁做的,无论怎么移动,这根小针永远一头指向南方,一头指向北方。指南针不仅为人类的远洋航行指明了方向,还为世界各地文明的交流架起了桥梁。

你怎么看?

很多人把北宋灭亡和王安石变法联系起来,也有人称赞王安石是"中国11世纪最伟大的改革家",你怎么看?

金国是好邻居还是敌人？

联合女真人的如意算盘

1111年，宋朝派郑允中、童贯为正副使者，给辽国皇帝庆祝生日。

任命下达前，就有大臣提出异议："派个内侍（太监）当使者，堂堂大宋没有人了吗？"宋徽宗这时正宠信童贯，就解释说："契丹人听说童贯战胜了西夏军，正想见见他呢，让他们见识一下也挺好的。"

童贯刚刚率军收复了西北的一些地区，升了官，职位远在郑允中之上，却只能当副使，其实也是不甘心的。只是他身为宦官，而宦官充当国家的使者，确实是破天荒的事儿，因此，憋屈归憋屈，好在出使的过程还算顺利，没出什么岔子。

回程的时候，有一天夜里，忽然有个叫马植的人秘密求见。随从问马植有什么事情，马植说，事关重大，一定要见到童贯才能细说。童贯得到禀告，立即让人放马植进来。

马植说自己世代居住在幽州，祖先也是中原人，燕云十六州失陷后，才不得已成了辽国人。他在辽国当官，但看到辽国皇帝昏庸，朝政腐败，已经辞官不做了。马植把童贯大大吹嘘了一番，说他用兵如神，是国家的栋梁。童贯被他说得心花怒放，顿时对他生

出了好感和信任之心。

马植说："燕云十六州，本来就是中原的，那里的百姓无时无刻不在盼望王师北伐，收复中原。现在辽国皇帝爱好打猎，整天喝酒，不关心国家大事，辽的气数已尽。东北女真人一向受辽欺压，近年来显示出强盛的迹象。尤其是有个叫完颜阿骨打的首领，胸怀大志，恐怕是不会久居人下的。大宋如果能和女真人联合起来，攻灭辽，轻而易举。那时，燕云十六州就可以重新回归中原了。"

童贯这次主动要求出使，本来也是想打探辽朝虚实的，没想到有了意外的收获，心里乐开了花，于是他把马植留在身边，改名叫李良嗣（sì），让他做自己的随从。

回到汴京，童贯就带着李良嗣晋见宋徽宗。李良嗣说："女真人对辽人恨之入骨，而辽国皇帝荒淫无道。大宋如果能派使者从登州、莱州走海路与女真人结盟，将来两边夹攻，就可以一举攻灭辽国。"

有位大臣当即提出异议："这条海路，由于靠近辽国，禁止通行已经有一百多年了。现在贸然开启，只怕对我们大宋不利啊。"李良嗣说："从现在的形势看，辽国是必定要灭亡的。陛下想要恢复汉唐故土，拯救幽燕人民，就必须开放海路，联合女真人灭辽。万一女真人单独行动，先灭了辽国，那可就麻烦了。"宋徽宗心想自己打不过辽国，现在有人可以和自己一起打，那简直是太好的事情了，于是他同意了这个建议。

宋金结为盟友

宋朝初年，女真人曾经走海路到登州、莱州一带做马匹生意，但宋、辽对峙之后，这条海路已经长久不通了。李良嗣献的这个计策虽然被认可，却一直无法实施。直到后来，有个叫高药师的汉人从女真人聚居的辽东半岛乘船到了登州，宋朝才有了那边的消息。高药师说，女真人已经建立了国家，叫大金国。大金的军队还多次击败了辽国的军队。登州的官员向朝廷报告了这件事，宋徽宗与大臣商议后，派人带着诏书，和高药师一起以买马的名义走海路去金国。由于两国向来没有来往，高药师一行没有见到金国皇帝。童贯又选了一个级别更高的官员作为使者出使金国。

　　这个使者和高药师一行克服重重困难，到达金的首都，见到了金国皇帝完颜阿骨打。使者说："大宋皇帝听说贵国攻破了辽五十余座城池，想与贵国建立良好的关系，一起讨伐辽。贵国如果愿意结好，我们大宋还会再派使者来正式商谈。"金国皇帝接受了两国通好的建议，并留使者在金国住下。到了第二年正月，金国派人带着国书和贵重的礼物，和宋朝的使者一起来到了汴京。

　　从此，两国正式建立了友好的关系，多次派使者互相往来。可是，两国结盟共同进攻辽国的谈判却并不顺利。

　　宋朝方面，对联金攻辽的策略从一开始就有反对的声音，担心灭了辽国之后，唇亡齿寒，北方直接面对新兴的金国，会很危险。而在交往礼节上，宋朝认为自己高高在上，常使用诏书，有时候还是宋徽宗的亲笔信，而不使用正规的国书，这让金国皇帝很气恼，他感觉自己没有得到平等对待。

　　金国方面，几个统兵的主将认为辽国不堪一击，根本用不着宋朝帮忙，朝廷上下对宋金结盟兴趣不大。金国皇帝贪图宋朝的岁币，对这件事倒还算热心。

1120年，宋朝派人出使金国。这一年，双方都以皇帝亲笔信的形式，确认了结盟关系。双方商定：金攻打辽的中京大定府，宋攻打辽的燕京析津府，辽灭亡后，宋将原来给辽的岁币转给金国，金同意将燕云十六州之地归宋朝。

改向金国交岁币

过了两年，金国正式约宋朝出兵，夹攻辽国。宋徽宗于是派童贯为主帅，率十五万大军，直逼燕京。这时，辽国皇帝在金人的追击下，已向北逃窜了，他的堂叔被匆匆忙忙拥立为皇帝，组织抵抗。形势对宋军十分有利，主帅童贯因此趾高气扬，以为颁布几道榜文，辽国人就会闻风而降。副帅更夸张，丝毫没有领军经验的他，竟然认为胜利唾手可得。临出发前，竟然指着宋徽宗身边的两个宫女说："等臣得胜回朝，请陛下将她们两个赏赐给臣！"

辽国守军在绝境中奋力反击，竟然打败了宋军。

宋徽宗得到兵败的消息，不禁着了慌，连忙下令调回在外打仗的军队。这时，辽国派了使者来军中议和，劝宋朝不要抛弃宋辽百年的友情，结交像恶狼一样的邻居，言辞十分恳切。但宋不肯和辽国讲和，只想攻打辽，发泄心中的怒火，便命童贯等人继续进军。金国怕宋军靠自己的力量攻破燕京，不好向宋讨要原来给辽的岁币，便派人再次来约进攻的日期。宋徽宗只得再次派人出使，把原先的盟约重申了一遍，让金国人放心。

后来金军围攻燕京。童贯急忙派人去见金国皇帝，请求按照约定一起攻城。金国人没有理睬，分三路一举攻下了燕京城。

宋徽宗派人到金国商议履行盟约、收回燕云十六州等事宜，金国皇帝却不客气地说："作战中，一点贡献也没有，还想要这要那。如果你再提平州、滦州这些地方，我们就连燕京都不给你了！"使者一再力争，金国最终同意交还景、檀、易、涿、蓟、顺六州及燕京，宋朝除了每年要向金进贡白银、绢帛外，还要再加一百万贯钱，算是这一年燕京城的赋税。金军撤走前，还将燕京城掠夺一空，宋朝接收的完全是一座空城。可是宋徽宗却洋洋得意，丝毫不觉得丢人。

（故事源自《宋史纪事本末》）

活字印刷术操作法

　　印刷术是中国古代四大发明之一。毕昇发明的泥活字，标志着活字印刷术的诞生。活字印刷要先用胶泥刻成一个个字，再用火烧硬，之后放在木格里。排版时，要在一个带框的铁板上敷上一层用松脂、蜡和纸灰混合而成的药剂，接着把泥活字按照文字的顺序放进框中。排满后，需要用火烤，等药剂开始熔化的时候，用一块平板把字面压平，药剂冷却凝固后，版型就固定了。印刷的时候，只需要在版型上刷一些墨，再铺上纸，用力一压就行了。印完以后，再用火将药剂烤化，抖一抖，活字就从铁板上掉下来了，还可以下次再用。毕昇的泥活字比德国约翰内斯·古腾堡的铅活字早了约400年。

你怎么看？

你觉得金国是宋的好邻居还是敌人？

靖康之耻

撕毁盟约

在与金军联合灭辽的战争中，宋军将帅腐败无能，士卒缺乏训练、战斗力低下的状况完全暴露了出来。随后几年，双方多次互派使者，交割盟约中商定的燕云各州。金国使团借着南北来往的机会，不但熟悉了通往宋朝的路径，也摸清了沿途关隘的设防情况。

金国使臣将中原地区繁荣富庶的情景汇报给朝廷，金国皇帝和贵族大臣们羡慕不已。金国统治者南侵的野心被点燃了。他们料定，宋朝军队挡不住金军的铁骑，只是，他们还需要一个合适的出兵借口。

这个借口很快就找到了。有个叫张毂（jué）的辽国官员，本来已投降了金国，

还在金国当上了守城的将领，却突然倒向了宋朝。金国出兵击败了张毂，张毂仓皇逃到宋朝掌控的燕京城中。宋朝燕京守将收留了张毂，后来迫于金国的压力，又将张毂斩首送交金国。收留对方的叛将，这在两个友好结盟的国家之间，是不可容忍的行为。

于是，金国撕毁了与宋朝的友好盟约，派东西两路大军，大举南下。

当时宋朝在河北一带的军队，主要由郭药师统领，有三十万人马。但郭药师被金军吓破了胆，很快就率军投降了。投降后的郭药师帮助金军攻打宋军，使得东路军进展十分顺利。

完颜宗翰统领的西路军，在围攻太原城时遭到当地官兵的顽强抵抗。完颜宗翰倾尽全力攻打太原城，却一直没能攻破城池。

汴京保卫战

宋徽宗得知金军南下，吓得昏了过去。醒来后的宋徽宗并没有积极应战，而是下了一道诏书，承认自己登基以来所犯的错误，号召天下州郡派兵来保卫汴京。不久，宋徽宗就传位给太子赵桓（huán），自己则带着几个亲近的大臣逃到了南方。

宋钦宗赵桓即位后，改年号为靖康。他派使者到金军中，告知宋徽宗让位的消息，请求双方修好。金军也怕继续孤军深入会有危险，想顺水推舟，撤军回国。郭药师却说：“现在撤军，会给宋军可乘之机，不如继续向南进军。”于是，金军继续攻打宋军。

金军接连攻克了几个州郡，很快就渡过了黄河。不少大臣建议宋钦宗去安全的地方躲避一下，只有李纲主张坚守都城。李纲说：“天下的城池还有比都城更坚固的吗？只要大家团结一心，等到救援的军队到来，就一定能够守住。”宋钦宗于是命李纲全面负责保卫汴京的事务。

然而，到了夜里，有几位大臣仍鼓动宋钦宗离开汴京，宋钦宗又动摇了。第二天一早，李纲发现皇帝的车驾都已经准备好了，连忙进宫对宋钦宗说：“禁军将士的父母妻儿都在汴京城里，他们愿意在这里死守。您一旦离开京城，万一中途队伍走散，敌人的骑兵追来，怎么抵挡？"宋钦宗这才打消了逃跑的念头。李纲亲自到城墙上督战，稳定了军心。打退了金军一波又一波的进攻。

金军攻不下城池，就派了使者来议和。只要不打仗，怎么都好，宋钦宗急忙派使者到金军大营议和，然而金人提出了非常苛刻的条件：送给金国黄金五百万两、白银五千万两、牛马一万头、缎一百万匹；尊称金国皇帝为伯父；割让中山、太原、河间三镇；送亲王、宰相到金国去当人质。胆小懦弱的宋钦宗急忙答应了所有条件。

没过多久，贪得无厌的金军又发兵南侵。这次西路军终于攻破了坚守一年多的太原城，率军直奔汴京。一路上宋朝守城的文官武将纷纷弃城逃走，金兵毫不费力地渡过黄河，包围汴京。东路军也只用了十二天，就打到了汴京城下。

在这种危急情况下，宋钦宗竟然还被大臣蛊惑，天真地相信一个叫郭京的

道士，让他挑选7777名神兵，也不用训练，单靠法术破敌。结果，郭京的数千名神兵完全不堪一击，两军一碰面，就被打得落花流水。郭京本人装神弄鬼一番之后，便趁乱逃得无影无踪。

1127年，辉煌的汴京城被金军攻破。金军在城内抢夺了大量的金银珠宝，还将徽宗、钦宗连同三千多名皇室成员随大军押送到寒冷的北方。北宋灭亡。

（故事源自《宋史纪事本末》）

知识卡片

《清明上河画》画了什么

《清明上河图》是一幅北宋风俗画，创作者是北宋画家张择端。作品生动记录了12世纪北宋都城汴京的城市面貌和当时社会各阶层人民的生活状况，是汴京繁荣的见证，也是北宋城市经济情况的写照，具有很高的历史价值和艺术价值。

你怎么看？

你认为宋军被金军打败的主要原因是什么？

老将宗泽守汴京

李纲罢相

金国人在逼迫宋钦宗投降时，曾经找借口说徽宗、钦宗昏庸，要为宋朝选一个贤能的皇帝。宋朝的臣民都以为金人会立太子或其他亲王，不料金人撤兵回到北方前，竟然立当时主和派的张邦昌为皇帝，国号大楚。

这时，宋钦宗的弟弟康王赵构在济州，担任天下兵马大元帅，老将宗泽为副元帅，手下有几万人马。因为金军攻打汴京时，赵构刚好不在城里，所以他逃过了这场大灾难。张邦昌知道自己这个皇位来路不正，不能服众，被老百姓骂得心里不好受。金军撤退不久，张邦昌就派人去请康王继承皇位。

很快，康王在南京应天（今河南商丘）即皇帝位，历史上称他为宋高宗，他建

立的宋朝，被称为南宋。为了凝聚人心，振作士气，宋高宗特地将贬在外地的主战派老臣李纲召入朝中，拜为右丞相。有大臣反对说："张邦昌是金人喜欢的，封为郡王还不够，应该当宰相。李纲是金人讨厌的人，尽管已经下达任命，还是可以趁他没到任，取消这项任命。"宋高宗冷冷地说："朕当这个皇帝，恐怕也不被金人所喜欢吧？"

李纲见了宋高宗，涕泪交流，宋高宗也十分感动。李纲知道许多大臣明里暗里反对自己，就一再向高宗推辞。宋高宗说："朕早就知道你的忠诚和才略，要想让敌国不敢侵犯我们，四方安定，非由你当宰相不可啊！"

像自己的父亲和哥哥一样，宋高宗也很害怕金兵，想往东南方向迁都，李纲进言道："陛下真要迁都，最好是迁到长安，其次是襄阳，迁到建康（今江苏南京）则是下策。迁到长安、襄阳，就是向天下宣示陛下不忘故都，可以凝聚人心。迁到建康，中原恐怕就难以保全了。"宋高宗表面上赞同李纲的说法，内心却一直在摇摆，而且更倾向于迁往东南。

朝中的大臣总是找借口攻击李纲，李纲担心大臣不和会耽误国家大事，就主动辞去了自己的职务。

老将宗泽

李纲罢相后，河东、河北的军备又渐渐废弃懈怠。这时，幸好有老将宗泽留在汴京，苦心经营黄河一线的防务，中原地区还保留了一丝中兴的希望。

当时的汴京，金国大军虽然退去，黄河边却仍时常有金军骑兵巡守，常有战鼓声传到汴京。而汴京中的各类防卫工事、器械，损毁严重；士兵和平民混杂居住，城里盗贼横行。宗泽拘捕了为首的几个大盗，将他们斩首示众，并发布通告："凡是当强盗的，不管赃物价值高低，一律以军法处置。"从此，城中盗贼减少了。宗泽又不时派出部队，打击南下侵扰的小股金兵，多次取得胜利。

为了防备金兵再次大举南下，宗泽亲自北渡黄河，约河北诸将商议军务。他还在汴京城外修筑了二十四所堡垒，沿着黄河修建可以互相接应的连珠寨。他还派人联络河北、河东各地结寨自守的忠义民兵，一旦金兵南侵，便互相救应。

　　青年将领岳飞在宗泽手下崭露头角。岳飞是士兵出身，因为作战勇敢，不久前被破格提拔任用。岳飞在宗泽军中，有一次犯了军法，应受处罚。宗泽见岳飞器宇不凡，认为他是个将才。恰好金兵来犯，宗泽便分五百骑兵给岳飞，让他带兵出战，将功赎罪。岳飞果然旗开得胜。宗泽告诫岳飞说："你智勇双全，军事方面的天赋不在古代名将之下。不过，你喜欢野战，这可不是万全之策。"于是，他给了岳飞一本讲作战阵图的兵书。岳飞看了阵图，对宗泽说："列好阵势再作战，这是兵法的常理。我认为，领兵作战的关键是随机应变，各种战法的运用，将领要做到心中有数。"宗泽很赞赏他的见解，岳飞从此在军中成了知名人物。

　　宗泽得知宋高宗想迁都东南，多次上奏章陈述自己的意见，认为绝不可行。他恳切地请求宋高宗不要放弃祖宗的基业，回到汴京，振作士气，一举收复失地。宋高宗的回复很谦恭客气，但始终没有认真考虑回汴京的主张。

　　有一次，宗泽得知金兵图谋入侵，就派两员得力大将分别守卫滑州、郑州，并嘱咐各处黄河浮桥守军加强戒备。金军元帅金兀术（wù zhú，即完颜宗弼）见宗泽防守森严，不敢大举入侵，趁着夜色烧断浮桥北撤了。

不久，金兀术又兴兵来犯，逼近汴京。宗泽挑选几千精锐兵马，让他们绕到金军背后，截击其归路。前后夹击，金军败退。

宗泽作战勇猛，声名远扬，河北地区的许多盗贼纷纷归顺朝廷，听宗泽调遣。他们往往有几万人马，多的还有几十万的。有一个叫王善的强盗首领，号称有七十万人，有心进军京师。宗泽得到消息，单人匹马进了王善大营。宗泽哭着对王善说："前年朝廷危难的时候，如果有一两位像您这样的豪杰，何愁不能退敌呢？现在正是您立功报国的时候，不要放弃这个机会啊！"王善听了，十分感动，当即表示愿意听从号令。

然而有人担心宗泽势力太大，不好控制，就安插了人监视宗泽的举动。宗泽又气又急，终于忧愤成疾。临终前，宗泽嘱咐部将尽心竭力，破敌报国，大家都流着眼泪立下誓言。等大家退出，宗泽叹息道："出师未捷身先死，长使英雄泪满襟！"又连喊三声："过河！过河！过河！"让大家不要忘了渡过黄河，收复北方的失地。

宋高宗本来想迁都到建康（今江苏南京）。因为建康不仅有长江天险可以防守，更处在繁华富有的江南水乡。宋高宗带着文武百官和随行将士到了扬州，金人大举入侵的消息就传来了。胆小的宋高宗觉得建康也不保险，就想把临时都城设在临安（今浙江杭州）。这样，不仅有长江天险可以阻挡金兵，危急之时还可以南渡钱塘江。实在万不得已，走海路南逃也方便。唉，宋高宗的表现，真让人摇头叹息。

（故事源自《宋史纪事本末》）

你怎么看？

南宋把都城选定在临安（今浙江杭州）之前，还有几个地方可以考虑：李纲说的长安（今陕西西安）、襄阳（今湖北襄阳），宗泽建议的汴京（今河南开封）。请你在地图上找一找这些城市，并说说你的迁都建议。

韩世忠痛击金兀术

金国趁着中原兵力空虚,人心浮动,就由金兀术统领十万大军南下。

宋高宗一行到了临安,连喘气的时间都没有,前方就传来了坏消息。宋高宗匆忙逃往越州(今浙江绍兴),同时派使者到金军中送礼讨好,甚至表示愿意去掉帝号,奉金国皇帝为主。金兀术才不会放弃这大好时机,他没有搭理使者,依旧紧追不舍。

宋高宗跑到越州没多久,又逃到明州(今浙江宁波),再乘海船到了台州。金军前锋追到台州,被当地军民阻挡,无法南下。宋高宗一直逃到温州,才总算摆脱了金军的追击。

真可惜,让金兀术逃跑了

金军带着抢来的战利品,沿大运河北上,却在镇江到建康的江面上遭到了南宋大将韩世忠的截击。原来韩世忠早就来到了镇江,等金兀术大军沿运河北上到了镇江,才发现渡口已经被宋军严密封锁。金兀术见韩世忠不肯放他们过江,便派使者到宋军阵营约定交战日期,面对气势汹汹的金国使者,韩世忠岂肯示弱,便爽快地同意了。

韩世忠提前想到金军一定会派人到运河入江口的金山龙王庙观察宋军的动静,于是命令士兵藏在庙中,还有一队藏在山下江岸,等到金军来到庙里后,他们就击鼓,一起抓住金军的将领。

第二天,果然有五个人骑着马朝龙王庙赶来。不知怎么回事,埋伏在庙里的宋军没等约定的鼓声响起,就急急忙忙冲了出来。来打探军情的金军被吓得四处逃跑,宋军抓住了两人,另外三人骑着马跑了。等岸边的伏兵冲出来想要抓住那三个人的时候,却已经来不及了。宋军审问抓获的两个金人,才知道刚才那个穿着红色袍子、系着玉带的,就是金兀术。可惜让他逃跑了。

到了约定交战的日期,双方的士兵在金山脚下的江面上展开了激烈的战斗。

韩世忠乘着战舰，指挥水师迎战金军；他的妻子梁红玉也懂得武艺，她戴着银盔，披着铠甲，登上船头亲自擂响战鼓，给将士们助威。宋军将士勇气倍增，奋力冲杀，还抓住了不少俘虏。金军连续冲击了多次，始终无法打开通路，渡过长江。

金兀术没有办法，只好派人来求和。他向韩世忠表示，愿意留下所有抢夺来的财物，作为交换条件，宋军放他们过江。韩世忠听后，一口回绝了。金兀术又企图贿赂韩世忠，给他送几匹有名的好马，也被韩世忠毫不犹豫地拒绝了。金兀术只得率船队沿长江南岸往建康方向西上，另外寻找渡江的通路。韩世忠则率水师沿北岸堵截，并出派出三十余艘轻舟进逼南岸，不断骚扰金兀术。

激战黄天荡

金军不熟悉长江水道，又不擅长水战，在宋军紧逼下，仓促驶入建康东北的黄天荡。他哪里知道这黄天荡是个像口袋似的死水港，进出只有一条水路。韩世忠率船队封锁了黄天荡唯一的出入水道，等到金兀术发觉情况不妙，却已经被困

在荡里，往前走没有通路，向后退又已经被韩世忠的船队挡住。金兀术就如同热锅上的蚂蚁一样，坐立不定。

金军开出重赏寻求脱困的方法。有个叛徒为了得到金人的金银珠宝，偷偷告诉金兀术说："黄天荡以前有河道通秦淮河，这条河叫老鹳（guàn）河，现在已经淤（yū）塞了。如果能挖通这条旧河道，船队就能开出黄天荡。"

金兀术喜出望外，急忙下令全军挖开旧河道。金军上下为了逃命，人人奋勇，个个争先，只用了一夜工夫，三十多里的河道就挖通了，然后仓皇逃跑了。

金军逃到建康城的一天夜里，几百个黑衣人袭击了金军大营。金兵刚刚死里逃生，又突然受到惊吓，顿时大乱。黑暗中，也分不清是敌是友，瞎打一气。黑衣人趁乱冲杀，杀死了不少金兵。原来，这是岳飞率领的一支部队，提前埋伏在建康附近，专门等候金兵从这里经过的。

天亮后，金军急急忙忙地赶路，岳飞带了三百骑兵、三千步兵，又来挑战。金

兀术派兵应战,岳飞率领将士像下山的猛虎一样,左冲右突,顷刻间又杀伤了一大片金军。

无奈之下。金兀术只好带兵退回黄天荡。金兀术想用小船渡江。谁知韩世忠早有准备,他针对金军的船又小又轻的特点,命令工匠赶制大批铁绳、铁钩。等金军尝试渡江,便用海船分两路夹击。宋军的海船十分高大,而金军的船很小。韩世忠命令力气大的士兵站在高处,抛下铁钩钩住金军的船只,然后用力一拉,就将小船拖翻。宋军训练有素,每扔一次大铁钩,就能钩沉一只小船。金军冲击多次,损失了不少船只,淹死了许多士兵。

金军将士在黄天荡吃尽了苦头,金兀术心痛极了,再次请求韩世忠借道放过他们,言辞十分哀伤、急切。韩世忠严肃地答复道:"只要你能送回我们的皇帝,归还我们的疆土,事情都好商量。"金兀术无言以对。

就在金兀术快要绝望的时候,又有人向他献计。此人精通航海技艺,他教金军在船中填土,上面铺上木板,并在船的两侧都安了桨。这样,一来可以防止轻舟在风浪中颠簸,防备宋军用铁钩钩船,二来还能加快行船速度,便于机动作战。他还说,大海船靠帆驱动,没有风就动不了。有风的时候不要出击,选无风的日子,小船一齐冲出,用火箭射大海船的船帆,可以一举取胜。

金兀术喜不自胜,立即派人连夜赶制火箭,并命士兵挖掘新河道,趁韩世忠不注意,率船队迂回到了宋军上游。

这一天,天气晴朗,江上没有一丝风影。金兀术放出许多轻舟,船上有很多善于射箭的士兵,他们靠近宋军大海船,不射人,只瞄着船帆射箭。宋军海船船体庞大,靠人划桨行动极其缓慢,既不能灵活攻击金军的轻舟,又无法躲避像蝗虫一样飞来的火箭。大海船纷纷着火,船上军士烧死的、落水的,不计其数。金军追杀了一阵,就乘势渡江北去。

这一战,韩世忠虽然先胜后败,但他以八千人马,与号称十万的金军相持四十八天,让金军几次陷于绝境,主帅金兀术还差点丧命。此战之后几十年间,金军再也不敢渡江南侵。

(故事源自《宋史》《宋史纪事本末》)

名言名句 异时名相如赵鼎、张浚,名将如岳飞、韩世忠,此金人所惮也。(〔宋〕杨万里)

宋代先进的造船技术

　　宋代的造船技术在当时居于世界前列。在东南沿海地区，有许多制造"楼船""海舶"的作坊。这些造船坊所造的大海船，载重量可达上千吨，而且航行速度快，船身稳，能调节航向。

岳飞精忠报国

　　1140年，岳飞的岳家军与金兵的主帅金兀术两军在郾（yǎn）城相遇。岳飞派儿子岳云率领骑兵打头阵，岳云领着骑兵，奋勇冲杀，在金军大阵中进出几十次，杀得金兵尸横遍野。

　　金兀术随即派出他手中的王牌军"铁浮图"和"拐子马"。"浮图"是佛语中"塔"的意思，"铁浮图"就是铁塔。金兀术的"铁浮图"是重骑兵，士兵们头戴双层铁盔，人和马都装着厚厚的盔甲，就像现代战争中的坦克。每三匹马连在一起正面冲锋。"拐子马"是金军主力两侧的轻骑兵，他们作战灵活，常在战斗最激烈时突然出击。宋朝军队无数次吃过"铁浮图""拐子马"的大亏。

岳飞早有准备,派出训练有素的步兵配合骑兵对抗金军的铁骑。岳家军用长杆上绑一把军斧对付"拐子马",士兵用这长斧先砍马腿,然后砍掉从马上掉下来的金兵脑袋。对付"铁浮图"则用钩镰枪和麻札刀。钩镰枪杀人,士兵先用枪上的钩子钩下敌人的铁盔,然后再用弯镰割掉敌人的脑袋;麻札刀砍马,士兵只管低着头,用长杆砍刀砍敌人的马脚。

　　这一仗,金兀术的王牌军"铁浮图"和"拐子马"被岳家军打得七零八落,金兀术心疼地大哭道:"全完啦!全完啦!"

　　不甘心失败的金兀术又率大军来攻打岳家军,结果仍然是失败。金兀术率败军仓皇逃窜,金兵不禁哀叹:"推倒一座山容易,动摇岳家军很难!"

　　岳飞这次出师之前,宋高宗曾经给他写了一封信,说:"前线的战事,就都交给你了,我不会遥控指挥的。"岳飞决定趁着大好形势,乘胜追击,就亲自率主力抵达离汴京只有20里的朱仙镇。此前,岳飞派到黄河以北去侦察的将士已经把河

北、河东的情况一一传回来，北方人民抗金情绪高涨。于是，岳飞派人与太行山一带及河北、河东的忠义民兵约好起事日期，并召集各路将领，发出豪迈的誓言："我们这一去，将直捣黄龙府，到那里再和诸君开怀痛饮！"

不料就在这时，宋高宗和秦桧担心岳飞势力太大难以控制，更怕他们迎回徽宗、钦宗，竟然下令岳飞退兵回朝。他们怕岳飞不肯回来，就把韩世忠等几路军队全部撤回到淮河以南。于是，宋高宗借口"孤军不可久留"，接连发出十二道金牌，催促岳飞退兵。岳飞接到这样的命令，涕泪交流，痛心疾首地长叹道："十年的功劳，就这样毁掉了！"

宋高宗和秦桧一心求和，就将岳飞、韩世忠等大将骗回朝廷，不再让他们直接带兵。为了保证议和成功，宋高宗和秦桧就捏造事实，让人诬告岳飞及其部将图谋造反，将他们逮捕入狱。

审讯时，岳飞撩起衣服，露出背脊上岳母亲手刺下的"尽忠报国"四个大字，表明心迹。审理案件的官员肃然起敬。他仔细调查案卷，发现案件有许多疑点，谋反的罪名不能成立，就转而为岳飞鸣冤。秦桧大怒，说谋反之罪是皇上定的，不能更改。秦桧又让其他人审讯，对岳飞父子严刑拷打。在家的韩世忠听到消息，赶去问秦桧岳飞到底犯了什么罪，秦桧含糊其词地回答道："其事体'莫须有'。"意思是"大概有罪"。韩世忠气愤地说："'莫须有'三字，怎么能服天下！"

不久，宋高宗与秦桧以"莫须有"的罪名将岳飞赐死，一代名将陨落，那一年岳飞才39岁。

一名狱卒冒着生命危险，偷偷把岳飞的遗骨埋葬了。二十年后，宋孝宗为岳飞平反，才把忠魂遗骨改葬在西湖边栖霞岭下。现在，庄严雄伟的岳庙大殿里，端坐着全身戎装的岳飞塑像，塑像上方悬挂着"还我河山"四个大字。在岳飞墓前，有生铁浇铸的四个跪像，他们是秦桧夫妇，以及审判岳飞有罪的两个奸臣。

（故事源自《宋史·岳飞传》《宋史纪事本末》）

宋朝重视养马

　　同北方游牧民族打仗，骑兵是制胜的关键性因素之一。因此，宋朝十分重视马匹问题，并建立了一套完整的马政制度。北宋朝廷在中央设立群牧司，统管马政。全国各地设置二十多个监牧区。鼎盛时期，军马达二十余万匹，专门养马的将卒有一万多人。

你怎么看？

　　朝廷连下十二道金牌召回岳飞，试想岳飞如果以"将在外，君命有所不受"的理由不接受命令，直接渡河北伐，结果会怎样呢？

59

文弱书生虞允文打胜仗

柳永有一首名为《望海潮》的词，说杭州有"三秋桂子，十里荷花""市列珠玑，户盈罗绮"。相传完颜亮读到这首词，对江南地区的繁华富丽十分羡慕，发兵吞并南宋的念头就更强烈了。

有一次，出使南宋的使者带回一幅《临安山水图》，完颜亮欣赏过后，在画上题了一首诗：

万里车书一混同，江南岂有别疆封？

提兵百万西湖侧，立马吴山第一峰。

很明显，完颜亮通过这首诗表达了自己想要统一全国的雄心壮志。他要像秦始皇那样，把江南归入自己的统治范围。

一退再退

一切准备就绪之后，完颜亮发兵六十万，分四路大军，水陆并进，气势汹汹地朝南宋杀过来。

这时，南宋初期的一批名将，死的死，老的老，能上阵的已寥寥无几。军队上下贪腐成风，兵骄将惰，欺负老百姓可以，真正打起仗来，那可是要了他们的命。宋高宗当然明白这一点，所以即使他多次得到警报，说金军即将南侵，却自欺欺人，认为这些都是假消息，压根儿没有防备。直到金兵大军压境，才匆匆忙忙做出防御作战的部署。

不久完颜亮的大军就打到了淮河北岸。

镇守江北的是老将刘锜。刘锜亲自指挥淮东的军队，派王权负责淮西一带的防务。

没想到王权是个贪生怕死之辈，听说金军渡过了淮河，根本不想抵抗，还没见到金兵的人影，就慌忙放弃了庐州，带着手下退到了和州（今安徽和县），随时准备渡过长江逃命。刘锜怕自己孤军暴露在外，只好退到了扬州。

王权兵败的消息传回临安，宋高宗慌了手脚，又打起了从海上逃跑的主意。

幸好大臣极力劝阻，宋高宗才打消了逃跑的念头，勉强答应御驾亲征。大臣们本来是想让宋高宗靠近前线，鼓舞士气的，但宋高宗听说前线军情紧急，便在途中停了下来。宋高宗让宰相叶义问代自己到前线督战，并派大臣虞允文充当军事参谋。

　　这时，金军攻陷真州、扬州，刘锜只好渡江退守镇江。王权不敢与金军交战，又带着败兵退到采石。完颜亮用了不到半个月的时间，就占领了长江北岸的大片土地，便决心在采石渡江，一举攻破宋军的防线。由于运河水位太浅，金军战船难以按时到达战场，完颜亮便下令就地建造战船。

　　叶义问胆小如鼠，不敢亲自去前线，一到建康，就找了个借口留下来不走了。他命令虞允文去前线慰劳军队。

到处都是败兵

虞允文一刻也不敢停歇，风尘仆仆地赶到采石，发现一路上都是败兵。士兵们三五成群地坐在地上，一个个垂头丧气的，还有的脱了盔甲，随意地坐在路旁，一片混乱的景象，完全不像一支军队的样子。他急忙问："敌人就在北岸虎视眈眈，你们怎么这个样子，这会误了大事啊！"士兵们嚷嚷着："将军都跑了，还打什么仗啊！"

虞允文赶紧把将领们召集起来，大声说："我是虞允文，是皇上派我来犒劳大家的！王权临阵脱逃，朝廷已经撤了他的职，由李显忠将军接任你们的主将了。"

将士们却没好气地说："李将军还在芜湖，等他赶来，金军早就攻过来了啊！我们就在这里等死吧。"

虞允文安慰他们说："只要你们肯为国家出力，我就留在这里，暂时代替李将军指挥战斗。朝廷用来奖赏的金银、布匹，还有立功升官的任职文书，我都带来了。只要能够打退金兵，我一定会论功行赏！"

将士们一听有人给他们领头，顿时气势高涨，都振臂高呼："我们一定会拼死一战，杀得金军片甲不留！"

随行的一位官员暗暗拉了拉虞允文的袖子，说："你是不是傻，你是来犒师的，不是来督战的。况且这个烂摊子是别人留下的，你何必背这个锅呢？"

虞允文很看不起这种贪生怕死的人，他大声斥责道："这里守不住，江山社稷就保不住了，我们又能逃到哪里去呢？今天我就算是战死在这里，也是为国捐躯，死得其所！"

将士们听了虞允文的话，都十分感动。他们斗志昂扬，纷纷表示愿意听从虞大人指挥，杀敌立功。

书生打胜仗

虞允文不敢过多耽搁时间，立即组织士兵收拢部队，调整部署，严阵以待。这时，金军的战船也已经造好，完颜亮亲自挥动红旗指挥战船渡江，上百艘战船向南岸驶来，很快就有七十来艘抵达南岸。金兵纷纷跳上江岸，向前冲锋，宋军被来势汹汹的金军冲得向后退了一些。

虞允文拍着步军将领时俊的肩膀说："我听说你特别有胆略，一向都是冲在前面的。男子汉大丈夫就应该这样。现在立功的时候到了！"于是时俊挥舞着双刀，率先冲了上去，其他士兵也争先恐后地冲了出去，他们奋力搏杀，不一会儿就把上岸的金兵杀光了。宋军的船比金军的船小，却非常结实，行动也快速、灵活得多。只见宋军的小船如锋利地钢刀一般在金军大船的空隙里不断地穿梭、冲撞，敌船不少被撞破沉江，很多不会游泳的金兵在水中扑腾几下就淹死了，爬上岸的也被宋军杀死了。

这场战斗一直持续到了傍晚。这时，有一队打了败仗的士兵经过采石，虞允文拦下他们，并分给他们一些军旗、战鼓，让他们组织起来，从山后杀出。金军以为宋军援兵到了，不敢恋战，就急忙坐上大船逃回江北。虞允文命令弓弩手用劲弩追射，又射死了不少金兵。

　　夜晚，虞允文依旧不敢松懈，他料到完颜亮白天吃了大亏，肯定不会善罢甘休，于是他派一部分战船来到上游，一部分战船到杨林河口等候。果然，第二天，完颜亮企图再次强行渡江，遭到宋军战船两路夹击，金军大败，几百艘船只被宋军烧毁。气得完颜亮直跺脚。

　　随后，虞允文去探望了卧病在床的老将军刘锜。刘锜拉着虞允文的手说："朝廷养兵三十年，敌人来了却一筹莫展，想不到大功倒出自您这位书生，我们这些人真要愧死啊！"

　　一心求胜的完颜亮不甘心失败，又想从扬州方向渡江。有一位金将请求完颜亮暂缓渡江，等待有利时机，完颜亮大怒，让人打了他五十大板。这件事在金军中传得沸沸扬扬，大家都觉得完颜亮过于残暴，有的人开始商量偷偷逃走。完颜亮又限令三日内渡江，彻底激起金军将士的反抗。他们商量出一个好办法。一天

夜里，几个将领联合完颜亮的侍卫，刺杀了完颜亮。然后，派人跟南宋议和，撤军北去。

（故事源自《宋史》《宋史纪事本末》）

知识卡片

火药和火器

火药是中国古代四大发明之一。自火药发明以后，利用火药作为杀伤源的武器，也就是火器，被逐渐研制出来应用于战争。用弓弩发射的火药箭，用抛石机抛掷的火炮，乃至管状的突火枪，在宋代都已经频繁地用于战争。虞允文就指挥将士用霹雳炮打败了金军。

隆兴北伐惨败

宋孝宗的决心

1162年，宋高宗传位给太子赵眘（shèn），这就是宋孝宗。宋高宗则做了太上皇。宋孝宗是南宋最想有所作为的君主，也是南宋唯一有志收复中原的皇帝。即位第二个月，他就正式为岳飞冤案彻底平反，从朝廷到民间，人心都为之一振。宋孝宗还任命大臣张浚（jùn）为江淮宣抚使，加封他为魏国公。宋孝宗对张浚非常尊重，在大臣面前提到张浚，从来不称姓名，都称"魏公"，说自己把魏公当成长城。

宋高宗知道了，很不以为然。他对宋孝宗说："张浚这个人虚名大于才干，你都听他的，将来会误大事的。恢复中原这个事情，还是等我百年之后再说吧！"宋孝宗被当头浇了一盆冷水，可是恢复中原的决心并没有动摇。

这时，金人又来骚扰南宋。宋孝宗决定主动出击。他召见了张浚，商议北伐大计。张浚建议宋孝宗靠近前线，鼓舞军队的士气。

但是宋孝宗的老师却极力反对，他说："只要金兵不来入侵，就不该主动挑衅，以免招致损失。"他还责备张浚说："帝王的军队，必须有十足的把握才能起兵，怎么能用试试看的态度企图侥幸取胜呢？"

宋孝宗见老师态度强硬，心想估计大多数人都会反对，他不想自找麻烦，干脆直接跟张浚议定战略方案。张浚得到北伐诏令，连夜赶回建康，调兵八万，派李显忠和邵宏渊分别进攻。

两位主将闹矛盾

李显忠的家人曾惨遭金军杀害。因此，李显忠抗金意志十分坚定，作战特别勇猛，很快就击败了金军。

邵宏渊这边的情况却不是很好，久久没有打退敌人。

邵宏渊没有立下什么功劳，十分懊恼，再看看李显忠，更显得自己没本事，于

是他看李显忠的时候，脸上常常露出不满的神色。刚巧，一个投降的金将跟李显忠说，邵宏渊的手下抢了他的佩刀。李显忠大怒，这不是要坏我的大事吗？投降的将领受欺负，谁还敢投降呢？李显忠找到了那个抢刀的人，当场将他斩首示众。这样，两位主将的矛盾就公开化了。邵宏渊觉得李显忠丝毫不给自己留面子，让他在众人面前失了威信，于是更加看李显忠不顺眼了。

有一次，李显忠攻打宿州时，追杀金兵，追了二十多里。邵宏渊领兵赶到，见了李显忠，皮笑肉不笑地说："将军跑这么远，可真不愧是'关西将军'啊！"李显忠知道他是在嘲讽自己，为了内部团结，只对他说："你们快去休息，明天全力攻城。"

第二天一早，李显忠就领兵强攻城池。不到一个时辰，李显忠的军队就攻破了城门，涌入城中。邵宏渊这才带军赶到，冲进城去，与李显忠一起作战。

收复宿州的好消息传到临安，宋孝宗大喜。他写了一封信给张浚，说："近日收到捷报，朝廷内外都大受鼓舞。十多年来，从来没有过这么重大的胜利！真是痛快啊！"

打了胜仗，自然要奖赏将士。宋军攻下宿州城的时候，城内的仓库里有不少金银珠宝和绢帛，还有许多粮食和美酒。李显忠的部队先攻进城，士兵们早已盯上这个仓库，他们尽情地搬、抢。等李显忠出面制止的时候，剩下的东西已经不多了。因此，当邵宏渊提出用仓库里的东西犒劳将士时，李显忠没有答应，只同意把随军带着的钱发给将士们。辛辛苦苦打了胜仗，奖赏却那么少，这让许多将士十分失望，各种抱怨。

这时，又有金兵杀来。起初的情报说，金兵约有一万人。但等金兵靠近，才知道敌兵约有十万人马。那时正是炎热的夏天，大大的太阳挂在天上，烘烤着大地，将士们汗流浃背，纷纷脱下铠甲，躲到阴凉的地方。邵宏渊去巡视的时候，不但没有给他们鼓劲，反而跟他们一起发牢骚："天气这么热，找个凉快的地方摇着扇子扇着，还热得受不了呢，何况是穿着厚厚的铠甲苦战！"这话一传开，军心就开始动摇了，士兵们一个个都没有了斗志。

被迫撤军议和

半夜，士兵们正睡得香甜，忽然有人击鼓大喊："敌兵来了！敌兵来了！"有几个胆小的将领没有抓紧时间组织士兵迎战，而是带着部下乘乱逃走了。几个营寨撤走，全军阵势就松动了。李显忠见势头不对，立即把自己的部队移进城里。其他的各路将领，见两位主将不和，也各自寻找退路，撤离了宿州。李显忠能指挥的军队已所剩无几。

金军乘机攻城，李显忠亲自登上城墙，拼命防御，

带着士兵们射死、砍杀敌兵两千多人，堆积的尸体都和城外的矮墙齐平了。这时候，李显忠看到城墙的东北角有敌人架起云梯登城，急忙赶过去拿着长斧砍断云梯。云梯上的几十个人全部掉下，顷刻毙命，敌兵这才开始退却。

李显忠叹息道："假如各位将领前来协助，从城外夹击，就能把这些敌兵杀光，擒住敌军主帅。那些失地，用不了多久就能收复啊！"邵宏渊打起了退堂鼓，说："金军又增兵二十万，我们现在再不退兵，恐怕会有危险。"没等李显忠回答，邵宏渊转身就去安排退兵的事情了。

李显忠仰天长叹："苍天啊！你不想让我收复中原吗？为什么要一再阻挠呢？"

李显忠也知道情势已经不对，非撤军不可了，只得率领部下连夜撤退。

宋军这次撤军，军心已经涣散，指挥又极其混乱。第二天，金军骑兵追近的消息传来，宋军上下一片慌乱，各自夺路逃命。李显忠、邵宏渊没办法组织有序撤退，只能眼睁睁地看着大军兵败如山倒，整营、整车的粮食、军器，都顾不上要了，四处逃窜。

这次失败对宋孝宗的打击很大，

他开始在战和之间摇摆不定。后来他派人去金营议和。

最终双方议定：南宋割让海、泗、唐、邓、商、秦六州给金朝。宋对金称侄皇帝，不再称臣。每年向金贡献银二十万两、绢二十万匹。这一年恰是宋孝宗隆兴二年（1164），所以被称为"隆兴和议"。此后，金宋之间四十多年没有发生大的战争。

（故事源自《宋史》《宋史纪事本末》）

喝茶是一种文化

茶是中国传统的饮品。饮茶的风气兴起于唐朝。到了宋代，饮茶更成为一种文化。上自皇帝王公、达官贵人，下至平民百姓，茶成了待客的必需品。宋代的茶肆还为说话讲史等市民文化活动提供了良好的场所。

文天祥丹心照汗青

1206年，成吉思汗统一蒙古各部，建立了大蒙古国。蒙古国先后攻灭了西辽、西夏、金国等政权。1268年，元军铁骑南下，发起灭宋之战。南宋不少忠臣义士带领爱国军民与元军进行了不屈不挠的斗争。民族英雄文天祥就是他们中间最杰出的代表。

忠肝义胆的文天祥

文天祥20岁就考中了进士。宋理宗见他相貌堂堂，又看到他上万字的文章一气呵成，文采和气势都非同凡响，对他非常赏识，钦点为头名状元。主考官也对皇帝说："从文章中可以看出，文天祥有一副忠肝义胆。得到这样的人才，真是可喜可贺啊！"

元军大举南侵，南宋长江防线告急，谢太后下旨让各地起兵解救朝廷危机。这时的文天祥在赣州任知州。接到圣旨，他立即聚集起本州的士兵，并且把家里的房子、田地都卖掉，又用卖东西的钱招兵买马。几个月的时间，文天祥就组织起义军一万多人。文天祥的好友见他忙得不可开交，就劝他说："现在元军分三路来攻，京城周围的许多城池都已经被攻破，马上就到京城的郊外了。凭你带领的这个靠东拼西凑组成的队伍，跑到京城去救皇上，简直就是赶着羊群去斗猛虎啊！"

文天祥严肃地回答说："我当然很清楚现在的形势。可是，国家养育我们三百多年，现在到了危急关头，号召天下兵马保卫国家，却没有一人一骑进京，这像什么话呢？我不自量力进京救皇上，是希望天下有忠臣义士能够起来响应。这样想的人多了，国家就还有保全的希望。"

　　文天祥毅然率军赶赴京城,不久,被朝廷任命为平江府知府。文天祥派兵抵抗元军,无奈兵力悬殊,都被元军击溃。

　　这时,京城眼看就守不住了,谢太后决定投降,派右丞相陈宜中去议和。陈宜中胆小不敢去,连夜逃到老家去了。谢太后只好任命文天祥为右丞相,到元军大营谈判。

　　文天祥见了元朝大丞相、统军元帅伯颜,不卑不亢,用平等的礼节与他见礼、谈话,根本没有表现出低三下四求和的样子。伯颜一怒之下,就把文天祥和同行官员都扣留起来。第二天,伯颜就逼着谢太后签署了投降诏书。

　　伯颜率领大军,押着文天祥北上。到了镇江,文天祥和随从趁着元兵看管松懈的机会,冒死逃到了真州。真州的官员见到文天祥,喜出望外。他说:"淮东、淮西都还有不少朝廷的军队,可惜两位大帅意见不统一,没有人从中调和、指挥。您如果能让他们联合行动,趁元军退兵的时机发动突然袭击,擒住元军的主帅,那么恢复大宋朝廷,还是有希望的。"文天祥立刻写了信,派人捎给坚守扬州的淮东大帅李庭芝。

不料元军得知文天祥逃脱，就散布谣言，说文天祥已经投降了，正要去扬州劝说李大帅也率军投降。李庭芝信以为真，就给真州的官员下了一道密令，让他将文天祥就地正法。幸好真州的官员觉得文天祥不像叛徒，试探了两次后，私自放了他。李庭芝仍然没有打消怀疑，派出士兵沿路搜捕。文天祥躲躲藏藏，历尽千辛万苦才到了高邮，乘海船逃到温州。

这时，南宋大臣陆秀夫、张世杰等在福州拥立7岁的赵昰（shì）为皇帝，他就是宋端宗。在这个小朝廷里，文天祥受到其他人的排挤，就申请调到南剑州。一到当地，他就派人到各地招兵，做长期坚守的打算。这年秋天，元军攻入福州，宋端宗逃往海上，在广东沿海乘船漂泊。

文天祥整顿军队，主动出击，打了好几个漂亮的胜仗，收复很多县城，军心大振，江西各地群起响应。不幸的是，在一次战斗中，文天祥寡不敌众，损失惨重，连妻子儿女也被元军掳走。

舍生取义的文天祥

不久，宋端宗病死，张世杰、陆秀夫等人又拥立6岁的赵昺（bǐng）继位，小朝廷迁至广东珠江口的厓（yá）山。文天祥率军进驻潮州，想凭着傍山靠海的优越地势储备粮草、屯驻兵马，与张世杰在海上的大军互相照应。然而，文天祥的部队在吃饭休息时遭到元军突然袭击，文天祥兵败被俘。

元军主帅张弘范是从南宋投降过去的将军，他把文天祥押到零丁洋上，让他给张世杰写信劝他投降。文天祥说："我自己不能救父母之邦，已经死有余辜了，难道还要叫别人背叛国家吗？"

张弘范软磨硬泡，不肯罢休。文天祥便取过纸笔，写下了著名的《过零丁洋》：

辛苦遭逢起一经，干戈寥落四周星。

山河破碎风飘絮，身世浮沉雨打萍。

惶恐滩头说惶恐，零丁洋里叹零丁。

人生自古谁无死，留取丹心照汗青。

这首诗回顾了文天祥一生的经历，表明他视死如归、决不投降的决心。张弘

范拿他没有办法，只好干笑几声，客客气气地把他重新看管起来。

蒙古军打到厓山，将张世杰和陆秀夫的船队打散，陆秀夫不愿被活捉，于是背着小皇帝跳入茫茫大海，其余的南宋臣子和将士也都跳海自杀。张世杰也因飓风打翻船只，坠海溺亡。

厓山战败后，张弘范对文天祥说："宋朝已亡，你的忠孝已经尽到了。如能为大元做事，仍然可以做丞相啊？"文天祥摇了摇头。

元世祖忽必烈爱惜人才，命令张弘范将文天祥押解到大都。路上，文天祥开始绝食，他估算自己不吃不喝，正好可以走到自己的家乡就死了。但八天过去了，他却好好的，眼看就快过长江，不久就要走出南宋的疆域，他决定先吃饱了肚子，到时候从容就义更有价值。

文天祥被押到大都，安排在接待投降者的"会同馆"中。文天祥端端正正地坐着，不吃也不睡。元朝官员只好把他关在监牢里。忽必烈问投降的南宋臣子说："南方的文臣谁最优秀？"有人说："没有人比得上文天祥。"忽必烈就让这个人来劝降。文天祥对他说："国家亡了，死就是我的本分。元朝皇帝如果愿意宽恕我，就让我回南方当个道士吧。想让我在这里做官，我做不到！"

忽必烈又派了其他人来劝降，但都被拒绝了。最后，忽必烈亲自劝降，他说："你的忠心我很敬佩，可宋朝已经亡了，希望你能改变主意，我还让你做宰相！"

文天祥说："我是宋朝的状元宰相，宋朝亡了，我只求一死。"

文天祥为了表明心迹，在狱中写下了传诵千古的《正气歌》。

忽必烈见实在劝不动文天祥，又怕留着他会让南方的人民对宋朝留有念想，最后还是听从大臣的建议，处决文天祥。临刑前，文天祥朝着正南方拜了几拜，端端正正坐下来，对监斩官说了句："我的事结束了。"然后从容就义。

文天祥死了，南宋的历史彻底画上了句号。元朝开启了大一统的时代。

（故事源自《宋史》）

精美的宋瓷

宋代的瓷器质地细腻、色调优雅，不管是在种类、样式、色彩、产量，还是烧造工艺方面，都远超过从前。其中，汝窑、官窑、哥窑、钧窑、定窑是宋代的"五大名窑"。官窑是指中央政府开设的窑场，汝窑、钧窑、定窑是以它们的所在地命名的。哥窑名称的来历有多种说法，相传宋代龙泉章氏兄弟各负责一窑，其中哥哥负责的称为哥窑。还有一种说法是，哥窑也是一种官窑，因为当时的人听不懂江浙方言，将"官窑洞"误认为"哥哥洞"，以讹传讹，将其简称为"哥窑"。